De Effies

Kop of munt

AVI nieuw: M3
AVI oud: 2

Vierde druk, 2008
ISBN 978 90 269 9830 0
NUR 287
© 2004 Uitgeverij Van Holkema & Warendorf,
Unieboek BV, Postbus 97, 3990 DB Houten

www.unieboek.nl
www.viviandenhollander.nl
www.saskiahalfmouw.nl

Tekst: Vivian den Hollander
Tekeningen: Saskia Halfmouw
Vormgeving: Petra Gerritsen

Vivian den Hollander

De Effies
Kop of munt

Met illustraties van

Saskia Halfmouw

Van Holkema & Warendorf

Het is tien uur.
Bas wacht op Frank.
Waar blijft hij toch?
Straks zijn ze nog te laat...
'Hee Bas,' hoort hij dan.
Frank komt eraan.
'Loop je mee?'
Bas knikt.
Hij pakt zijn rugtas.

Dan tikt hij op het raam.
'Dag mam.
We gaan, hoor!'

Bas speelt bij de Effies.
Zijn vriend Frank ook.
Zes man heeft hun ploeg.
En één meisje.
Zij heet Kim.
Vandaag gaan ze naar het bos.
Met alle Effies.

Bij het veld wacht Kees ze op.

Hij is de leider van F3.

Jordi, Rik, Koen en Milan zijn er ook.

Alleen Kim is er nog niet.

'Hebben jullie er zin in?' vraagt Kees.

'Heel veel zin!' roept Bas.

'Neem je ook ballen mee?'

Kees wijst naar zijn busje.

'Die liggen er al in.

Zullen we gaan?'

Bas kijkt bezorgd rond.

'En Kim dan?

Zij gaat toch ook mee?'

Kees knikt.

6

'Wees maar niet bang.
Ik rij niet weg zonder haar.'
Net als hij dat zegt,
komt Kim er aan.
Ze hijgt van het rennen.
'Slaapkop,' roept Bas.
'Lag je weer te lang in bed?'
Hij plaagt Kim graag.
Toch vindt hij haar erg leuk.
En zij voetbalt als de beste.

Ze rijden een half uur.
Dan zijn ze er.
Bas staat als eerste in
het bos.
'Gaaf zeg!
Hier is het leuk.
Je kunt rennen.
En heel veel
klimmen.'
Frank knikt.
'Ja, klimmen.'
In een tel zit hij in
een boom.
'Kom ook, Bas!' roept hij dan.
'De boom is sterk genoeg.'
'Straks,' belooft Bas.
Hij ziet dat Kim een bal pakt.
'Wie doet er mee?' vraagt ze.

'Ik!' roept Bas.
'En ik,' roept Jordi.
Nu krijgt Frank ook zin.
Zo vlug hij kan,
springt hij uit de boom.
'Schiet naar mij!' gilt hij.
Maar Kim geeft de bal niet af.
Ze houdt hem dicht bij haar voet.
Ze rent… en rent…
Zo snel dat ze de tak niet ziet.

En opeens…
Boem, daar ligt Kim.
Met haar neus in het mos.
Bas schrikt.
'Gaat het?'
Kim draait zich om.
Er zit mos op haar wang.

En zand in haar neus.
Maar ze lacht alweer.
'Foutje!'
Dan wil ze de bal pakken.
Frank is sneller.
'Kijk eens wat ik kan?'
Hij schiet de bal de lucht in.
Bas klapt.
'Mooie bal, zeg.
Weet je wat?
We doen wie het hoogst kan.'
'Goed plan,' zegt Jordi.
Hij vangt de bal op.
En schiet die ook omhoog.
Daarna mag Kim.
Zij komt best ver.
Tot slot is Bas aan de beurt.
Hij neemt een aanloop.

Hij schiet…
Zoef!
De bal gaat heel hoog.
Bas lacht trots.
'Zien jullie dat?
Wat een schot, hè?'
Dan lacht hij niet meer.
Want waar blijft de bal?

'Daar zit hij,' wijst Frank.
'Klem tussen de takken.'
Bas slikt.
'Oeps.'
Die bal zit best hoog.
Kan hij daar wel bij?
Hij klimt eerst op de rug van
Frank.
Dan op een dikke tak.

13

o verder.
'Lukt het?' vraagt Kim.
Bas knikt dapper.
Toch is hij blij
als hij weer op de grond staat.
Maar... hij heeft de bal!

Het is half een.
Bas zit op een bank in het bos.
'Wie wil er een broodje?'
vraagt Kees.
Kim steekt een hand op.
Bas ook.
Zijn hoofd is rood.
Zijn trui is vuil.
In zijn broek zit een scheur.
Maar hij heeft het erg naar zijn
zin.

Als de broodjes op zijn,
roept Kees de Effies bij zich.
'Luister,' zegt hij.
'Jullie zijn nog een uur vrij.
En om twee uur is er een wedstrijd.'

15

'Yes!' juicht Bas.
'Daar heb ik net zin in.
Hoe gaan we het doen?'
Kees legt het uit.
'Ik maak vier ploegen.

Rood, geel, blauw en groen.
Trek maar vast een briefje.
Dan weet je bij welke ploeg je
hoort.'

Kees gaat met een pet rond.
Bas haalt er een briefje uit.
Kim ook.
'Welke kleur heb jij, Bas?'
'Rood.'
'En ik heb geel,' zegt Kim.
'Ha ha, dat wordt leuk!
Wedden dat ik tegen jou moet?'
Bas knikt.
'Dat zou goed kunnen.
Zullen we vast de bal rond tikken?'
Kim schudt haar hoofd.
'Ik heb een ander plan.
Ik verstop me in het bos.
Met Jordi, Koen en Frank.
En jij moet ons zoeken.
Goed?'
'Vooruit,' zegt Bas.

17

'Omdat jij het bent...'
Hij speelt liever met de bal.
Maar hij wil niet flauw doen.
Braaf loopt hij naar een boom.
Daar telt hij tot tien.
Dan roept hij:
'Wie niet weg is, is gezien.
Ik kom!'

Bas sluipt door het bos.
Ziet hij daar wat?
Achter die dichte struik?
Hij holt er heen.
Er zit niemand.
'Buut vrij,' hoort hij dan.
Het is Kim.
Ze staat al bij de boom.

'Ha ha, die Bas.
Zie je wel hoe snel ik ben?
Straks bij de wedstrijd win ik vast!'
Bas zegt niks.
Vlug zoekt hij verder.

Dan moet Koen tellen.
Bas rent snel het bos in.
Hij zoekt een plek
waar niemand hem vindt.
Dat valt niet mee.

Na een tijd blijft hij staan.
Achter die oude hut?
Is dat een goede plek?
Nee, hij moet verder gaan.
Anders vindt Koen hem zo.

Een tijdje staat Bas achter een eik.
Het is een heel dikke eik.
Niemand die hem hier ziet.
Maar het is wel stil in het bos.
En het duurt zo lang...
Bas gaapt.
Waar blijft Koen nou?
Hij zoekt toch nog wel?
Weet je wat? denkt Bas.
Ik ga terug.
En dan buut ik mij vrij.
Dit wachten is veel te saai.

Bas rent en rent…
Waar is die oude hut?
Die stond toch rechts?
Of was het juist links?
Maar Bas vindt de oude hut niet.
Nerveus kijkt hij rond.
Welke kant moet hij op?
Oei, wat erg.
Hij is de weg kwijt…

Moe zakt Bas neer bij een boom.
Hij hijgt van het rennen.
En dorst heeft hij ook.
Wat nu?
Straks wordt het donker en dan...
Bas voelt zich bang worden.
Zou Koen nog zoeken?
Vast niet.
En wat zou Kim doen?
Opeens hoort Bas iets.
Rrrrts... rrrrts...
Hij schrikt.
Wat was dat?
Een haas?
Of soms een vos?
Het liefst klom hij in de boom.
Maar de tak zit veel te hoog.
Rrrrts... klinkt het weer.

Rrrrts...

Bas voelt zijn hart bonken.

Achter hem zit vast een heel eng
dier.

Wat moet hij doen?

Dan klinkt er gekraak.

Nu wordt Bas echt bang.

Hij maakt zich zo dun als hij kan.

Hij tuurt naar de grond.

'Hee Bas!' hoort hij dan.

Voor hem staat Kim

Ze kijkt eerst boos.

Maar daarna ook lief.

'Poeh, zeg.

Wat zit jij ver.

Ik zoek me suf.'

'Hoi Kim!'

Bas is zo blij dat hij haar ziet.

'Zocht je al lang?'
Kim knikt.
'Ik help Koen.
Frank en Jordi zijn al naar het
veld.'
Bas schrikt.

'Hoe laat is het dan?'

'Twee uur,' zegt Kim.

'De wedstrijd begint zo.'

'Oei!' steunt Bas.

'Zijn we nog wel op tijd?'

Kim haalt haar schouders op.

'Ik weet het niet.'

Dan geeft ze Bas een hand.

Zo snel als een haas rennen ze
weg.

Al gauw zien ze Koen.
Hij is ook blij
dat Bas er is.
Dan hollen ze
door naar het veld.
Daar staan de ploegen al klaar.
Rood speelt met geel.
En groen met blauw.
Kees wil net twee ballen pakken.
'Wacht,' roept Bas.
'Wacht, Kees!'
Kees kijkt om.
'Bas!
Waar bleef je nou?
Speel je nog mee?'
'Wat dacht je!' roept Bas.
'Ik ben dol op voetbal.
En Kim en Koen ook.'

'Mooi,' zegt Kees.

'Wie neemt de aftrap?'

'Ik!' roept Bas.

'Nee, ik,' zegt Kim.

'Nee, ik,' roept Bas weer.

Kees schiet in de lach.

'Weet je wat?

We tossen.'

Hij haalt een

euro uit zijn

zak.

'Wat kies je,

Kim?

Kop of munt?'

'Munt,' zegt Kim.

Kees gooit de euro op.

Als hij valt, zie je de kop.

Bas lacht blij.

'Dat is mazzel.

Pas maar op, Kim.

De aftrap is voor mij.

Ik ga je verslaan…'

Kees deelt hesjes uit.

Daarna geeft hij de bal aan Bas.

'Ben je er klaar voor?'

Bas knikt.

Hij veegt het zweet van zijn hoofd.

Rustig legt hij de bal neer.
En als Kees fluit,
schiet hij zo hard hij kan.
Zoefff...
De bal vliegt het veld in.
En daar gaat Kim.
Ze stormt er op af.
Handig duwt ze Koen opzij.
En met de bal aan haar voet rent
ze door.

Ze kijkt niet op of om.

'Goed zo, Kim!' gilt Frank.

'Ga naar het doel met die bal.'

'Niks ervan,' roept Bas.

Hij gaat fel in de aanval.

Maar hij krijgt weinig kans.

Al snel is het een-nul.

En daarna twee-nul.

Kim juicht.

Bas zucht diep.

Die Kim, die kan er
wat van.

Maar trots is hij ook.

Want Kim is een
kanjer.

En dat wist hij al lang.

Dit zijn de boeken over de Effies.
Lees ze allemaal!

AVI nieuw: M3
AVI oud: 2

AVI nieuw: E3
AVI oud: 2

AVI nieuw: E3
AVI oud: 2

AVI nieuw: M4
AVI oud: 3

AVI nieuw: M4
AVI oud: 3

AVI nieuw: M4
AVI oud: 4

AVI nieuw: M4
AVI oud: 4

AVI nieuw: E4
AVI oud: 4

AVI nieuw: E4
AVI oud: 5

www.viviandenhollander.nl

www.saskiahalfmouw.nl